साथ जुड़ें साथ पढ़ें

तसलीमा नसरीन

तसलीमा नसरीन सुख्यात लेखक और मानवतावादी विचारक हैं। अपने विचारों और लेखन के लिए उन्हें अकसर फ़तवों का सामना करना पड़ा है। विवादास्पद उपन्यास 'लज्जा' पर उन्हें उनके देश से निष्कासित कर दिया गया जहाँ वे 1994 से नहीं गईं। भारत समेत कई देशों से उन्हें विभिन्न पुरस्कारों और मःनद उपाधियों से विभूषित किया जा चुका है। दुनिया की लगभग तीस भाषाओं में उनकी रचनाओं का अनुवाद हुआ है।

कल्लोल चक्रवर्ती

कल्लोल चक्रवर्ती ने तीस साल तक पत्रकारिता की है। 'कतार में अन्तिम' उनका प्रकाशित कविता-संग्रह है। उन्होंने तसलीमा नसरीन और विभूतिभूषण बंद्योपाध्याय की किताबों का बांग्ला से हिन्दी में अनुवाद किया है। 'अमर उजाला' के स्थानीय सम्पादक पद से सेवानिवृत्त होने के बाद फिलहाल स्वतंत्र लेखन कर रहे हैं।

प्रेम
कविताएँ
उलटी धार

तसलीमा नसरीन

यदि प्यार करो

अनुवाद

कल्लोल चक्रवर्ती

राजकमल पेपरबैक्स

राजकमल पेपरबैक्स में
पहला संस्करण : 2025

राजकमल पेपरबैक्स : उत्कृष्ट साहित्य के जनसुलभ संस्करण

राजकमल प्रकाशन प्रा. लि.
1-बी, नेताजी सुभाष मार्ग, दरियागंज
नई दिल्ली-110 002
द्वारा प्रकाशित

शाखाएँ : अशोक राजपथ, साइंस कॉलेज के सामने, पटना-800 006
पहली मंजिल, दरबारी बिल्डिंग, महात्मा गांधी मार्ग, इलाहाबाद-211 001
1, अनमोल सोराबजी सन्तुक लेन, धोबी तलाव, मरीन लाइंस, मुम्बई-400 002
वेबसाइट : www.rajkamalprakashan.com
ई-मेल : info@rajkamalprakashan.com

यश प्रिंटोग्राफिक्स
नोएडा-201 301 (उत्तर प्रदेश)
द्वारा मुद्रित

मूल्य : ₹199

YADI PYAR KARO
Poems by Taslima Nasreen
Translated by Kallol Chakraborty

ISBN : 978-93-6086-117-9

यदि प्यार करो

क्रम

उपरान्त कथन

प्रेम

अगर मुझे तुम्हारे लिए काजल लगाना पड़े,
बालों में, चेहरे पर लगाना पड़े रंग,
शरीर में इत्र लगाना पड़े
अगर पहननी पड़े सबसे सुन्दर साड़ी
केवल इस कारण माला चूड़ी पहनकर सजना पड़े कि तुम देखोगे
पेट के निचले हिस्से की चर्बी या आँख के कोरों की झुर्रियाँ जतन से
छिपानी पड़ें
तो तुम्हारे साथ मेरा कोई दूसरा ही सम्बन्ध होगा, प्रेम का क़तई नहीं।

अगर प्रेम होगा तो मेरा कुछ भी अस्त-व्यस्त क्यों न हो,
कोई भी त्रुटि, ग़लती और कुरूपता क्यों न रहे
मैं खड़ी रहूँगी सामने और प्रेम में डूबोगे तुम।

कौन कहता है बहुत आसान है प्रेम
कि चाहो और हो जाए!
मैं चारों ओर जो इतने पुरुषों को देखती हूँ
लेकिन कहाँ
मुझे तो प्रेमी नहीं दिखाई देता!

प्यार

प्यार करते हो—यह कहकर ग़ायब हो गए एक दिन
जैसे जमा हो गए बैंक के बचत खाते में
जिस भी दिन जब भी चाहो दावा कर सकते हो
तुमने सोचा, प्यार और व्यापक होगा
साल-भर देखे, छुए बग़ैर और भी तीव्र होगा।

सोचा था जैसा छोड़ गए थे, वैसा ही देखोगे लौटकर
सोचा था और कुछ भले नष्ट हो जाए
प्यार नहीं होगा, झरना या
मर जाना
इसके स्वभाव में नहीं, ऐसा न हो तो इसका नाम प्यार क्यों है!

प्यार छुरी की तरह है जिससे कटता है हृदय
तुम नहीं जानते, ऐसा भी नहीं
उसे कहीं फेंककर देखो उसमें ज़ंग लग जाएगी, भोथरा हो जाएगा वह
बारीक धागा भी नहीं कटेगा उससे, हृदय का तो सवाल ही नहीं उठता
अगर प्यार छुरी है तो क्या छुरी का कोई स्वभाव नहीं?

प्यार शब्द का उच्चारण कर चाहे जितनी भी दूर जाओ
महीनों, साल रहो मेरी आँखों से दूर
अचानक लौटकर मूलधन और सूद में बेशक कुछ और माँग लेना
प्यार मत माँगना। यह गोदाम में रखने वाली चीज़ नहीं, पैसा-कौड़ी नहीं।
व्यापार कहीं और करना, मेरे पास नहीं।

प्यार बन्धक नहीं रखती मैं, जिसे रखना हो रखे।

चुकाना

सड़क से जैसे-तैसे एक पुरुष को ले आकर अनर्गल गप्पें हाँककर, सोई।
पूरी रात वह पुरुष मेरे बिस्तर पर था, पूरी रात गर्व से फूली हुई थी उसकी छाती।
ज़मीन पर पैर नहीं पड़े, रोमांच से काँप रही थी त्वचा,
मेरे होंठ जैसे मोती, मेरे स्तन जैसे हीरा, मेरी योनि जैसे स्वर्गद्वार
ऐसे ही उसने छुआ था मुझे।
पूरी रात सोया नहीं, सिर्फ़ दिया उसने,
जो मैंने माँगा उससे कहीं ज़्यादा।

तुम तो कह रहे थे आओगे, कह गए आऊँगा कल या परसों
केवल चूमकर, केवल होंठ पर सूखा-सा एक चुम्बन देकर,
आधी रात को तुम जो गए
पूरे शरीर में प्यास जगाकर, मझधार में छोड़कर
फिर लौटे नहीं, बीत गए तीन महीने या कि चार!

सड़क का वह जैसा-तैसा आदमी तुमसे अच्छा था,
सोचती हूँ, क्यों तुम्हें जीवन-भर अच्छा समझती रही!
शायद इसलिए कि तुम सड़क के आदमी नहीं थे।
इच्छा होती है कि वे दिन फिर लौट आएँ, तुम्हें अच्छा समझने के वे दिन।

वे दिन किसी को दे देने पर किसी को कुछ तो मिलता।
वे दिन कौन नहीं चाहता!

सड़क के उस आदमी ने जब मुझे छुआ
मुझे चूमा, पैर के नाख़ून से बाल तक को
इस कन्धे से उस कन्धे तक को
उसके स्पर्श या चुम्बन, या उसकी तैराकी से
मुझे आनन्द नहीं मिला

आनन्द मुझे केवल यह सोचकर मिला,
कि यह चुम्बन तुम्हारा नहीं है
जिस हाथ ने मुझे छुआ है, वह हाथ तुम्हारा नहीं है
स्वर्ग के सरोवर में था जो, वह और कोई हो
तुम नहीं थे।

आख़िरी चुम्बन

मान लें, लड़की का नाम लड़की है और लड़के का नाम लड़का।
अचानक कहाँ से प्रकट होकर उस लड़के ने उसका चुम्बन लिया था?
अचानक उस लड़की को हैरान कर, अवसन्न कर
प्रेम के बग़ैर ही, 'कल मिल रहे हैं' या 'परसों आ रहा हूँ' कहे बिना ही
वह जो उसने बहुत गहरा चुम्बन लिया था, उसे ध्वस्त कर, टुकड़े-टुकड़े कर
वह जो उसने तोड़कर, फाड़कर
रोशनी से भरे घर में
लड़की को डुबाकर, तैराकर चूमा था

उसके बाद से लड़के को देखा नहीं गया।

लड़की नहीं जानती लड़का कौन है, कहाँ है उसका घर, सिर्फ़ दो आँखें
देखी थीं उसकी
दोनों आँखों में थीं काँच की दो गोलियाँ
जैसे छोटी उम्र में खेल के मैदान में पड़े दो चमकदार कंचे
लम्बे समय तक कैशोर्य नहीं आया था कभी...
अचानक चौंककर लड़की पूछती है, यह लड़का क्या वही लड़का है?
उसके बाद ख़ुद से ही बार-बार कहती है

यह लड़का तो वही लड़का है जो रोज़ उसकी हथेली पर घूमता हुआ लट्टू रखता था!

जब तक लट्टू घूमता था हथेली पर
लगता था, पृथ्वी पूरी उसकी मुट्ठी में है
लड़की का शरीर रोमांचित हो उठता
प्रेम-भरी दृष्टि से देखता था लड़का
खेल के मैदान में पड़े हुए
दोनों कंचों से निकली रोशनी उन आँखों में पड़ती थी
उन मुग्ध आँखों में दो कंचे वाली आँखें थीं।

यह लड़का क्या खेल के मैदान वाला वही लड़का है, चुम्बन लेने वाला लड़का?
यह लड़का क्या लट्टू नचाने वाला लड़का है? अचानक चुम्बन लेने वाला वही लड़का?
वह फिर कभी आएगा या नहीं
फिर उसे चूमेगा या नहीं, लड़की नहीं जानती।
लड़की नहीं जानती
उस रात चूमने के लिए कोई नहीं था इसीलिए
जो उसे मिला उसी को चूम लिया था उसने
तूफ़ान-बारिश की रात में, सुनसान रात में, अच्छा-बुरा सोचे बग़ैर चूम लिया था उसने
अगले दिन ख़ुमार उतर जाने पर यह सब भूल भी गया था लड़का।

लड़की का पति आकर सप्ताहान्त का सम्भोग निपटा जाता है
पति के चूमने के लिए आने पर होंठ हटा लेती है लड़की
'शरीर दे रही हूँ लो,
सम्भोग में पूरा दिन, पूरी रात डूबे रहो

शिख से नख तक चखो, चूसो
सिर्फ़ चुम्बन मत लेना।'

आख़िरी चुम्बन की स्मृति जिलाए रखती है लड़की।

पूरी पृथ्वी उसकी मुट्ठी में रख देता है वह चुम्बन
वह चुम्बन उसे देता है कैशोर्य
उस लड़के से बड़ा हो जाता है उसका चुम्बन
चुम्बन से बड़ा हो जाता है उसका कैशोर्य
कैशोर्य से बड़ा हो जाता है कैशोर्य का स्वप्न
हीरे की तरह हैं वे स्वप्न, उनसे निकलती है रोशनी
उस रोशनी में धुँधला हो जाता है कंचे-सी आँखों वाला वह लड़का
जिस-तिस को चूमना, फिर भूल जाना
और न आना
उसकी हर रात का नशा है।

जो प्रेमी नहीं है उसके लिए

इसी शहर में तुम रहोगे, काम-बेकाम इधर-उधर दौड़ोगे
या छुट्टी में कहीं बैठकर गप्पें हाँकोगे, शराब पियोगे, शोरगुल करोगे
रात सो जाएगी, तुम नहीं सोओगे।
मौक़े पर किसी-किसी शाम को इस घर से उस घर खाने-खेलने जाओगे
खोलने जाओगे किसी की साड़ी
मेरा आँगन पार कर, शायद किसी घर में ही
क्या पता इसी मोहल्ले में दोनों वक़्त टहलोगे, रहोगे पास ही कहीं
कभी मुझे बता ही दोगे कि पास ही में हो।
मुलाक़ात न होने के दु:ख में
मैं सिकुड़ती जाऊँगी, ख़ुद को मारती जाऊँगी
फिर भी नहीं कहूँगी, आओ। नहीं कहूँगी।
तुम्हें यह कहने का मौक़ा नहीं दूँगी
कि तुम्हारे पास समय नहीं है, या इन दिनों तुम बहुत व्यस्त हो
प्रेम न होने के तुम्हारे भाव से ख़ुद को बचाऊँगी मैं
तुम्हारे साथ मेरी मुलाक़ात नहीं होगी।
साल गुज़रेगा, तुम्हारे साथ मेरी मुलाक़ात नहीं होगी
मुलाक़ात न होते-होते मैं भूलती जाऊँगी
कि तुम्हारे साथ मेरी मुलाक़ात कैसी थी
किस रंग की शर्ट पहनते थे तुम, कैसे दिखते थे हँसने पर

बात करते हुए नाख़ून कुरेदते थे, मेरी आँख में या कि कहीं और देखते थे
पैर हिलाते, बार-बार कुर्सी से उठ जाते, पानी पीते, यह भूलती रहूँगी।
मुलाक़ात न होते-होते भूलती रहूँगी कि देखने में तुम कैसे थे
तुम्हारे चेहरे पर कहाँ-कहाँ थे तिल, थे भी या नहीं
कैसा था तुम्हारे चूमने, लिपट जाने का तरीक़ा,
बालों या सीने में अपने चेहरे को खोंस देना कैसा था, भूलती रहूँगी।

बीत जाएँगे कई साल, तुम्हारे साथ मेरी मुलाक़ात नहीं होगी
एक शहर में होते हुए भी नहीं मिलेंगे हम
रास्ता भूलकर भी किसी के रास्ते में नहीं आएँगे हम
हम बीमार पड़ेंगे, मुलाक़ात नहीं होगी।
किसी रास्ते के मोड़ या पेट्रोल पम्प, मछली की दुकान, पुस्तक मेले या रेस्तराँ
कहीं मुलाक़ात नहीं होगी।
और कई साल बाद, मैंने सोच रखा है, जिस दिन अचानक
ढेर सारी रोशनी के साथ मेरे निर्जन घर में आएगी शाम
बरामदे पर खड़े होने पर मेरा आँचल उड़ा ले चलेगी कालबैसाखी[1]
जिस रात आकाश में निखरे चाँद से पूरी रात मैं बात करूँगी
उस रात तुम्हें मन ही मन बोलूँगी ज़रूर
कि मुलाक़ात न होने से क्या फ़र्क़ पड़ता है,
कभी लगता था, न मिलने पर
शायद ज़िन्दा न रह पाऊँ
कौन कहता है, देखो कैसे ज़िन्दा हूँ!
कई हज़ार वर्षों से तुम्हारे साथ मुलाक़ात नहीं हुई
तो क्या मैं ज़िन्दा नहीं थी?
मैं बहुत ख़ुश थी!

---

1. बैसाख महीने में आने वाला तूफ़ान।

सोचा है कहूँगी
तुम तो असल में ना-कुछ जैसे कुछ हो
अपनी आकांक्षा में मैंने तुम्हें चित्रित किया था
अपनी आकांक्षा से तुम्हें प्रेमी बनाया था
अपनी आकांक्षा से तुम्हें अपने प्रेम से मुक्त भी किया।
तुम्हें न देखकर भी लाखों वर्ष ज़िन्दा रह सकती हूँ
तुम्हें न छूकर अनन्त काल तक।
आँसू की एक बूँद वर्षा-जल की तरह
इतने वर्षों से चित्रित तमाम चित्र
नष्ट कर सकती है, तुम्हारा नाम पोंछ सकते हैं मेरे आँसू
तुम्हारे निशान तक मिटा सकते हैं।

कभी मुझे अकेला न समझना
तुम्हारी प्रेमविहीनता जो रहती है मेरे साथ।

इच्छा

जितना भी तुम मेरे घर से हटा लो अपने पैर
आँगन के पास आ उलटी दिशा में बढ़ जाते मेरे पैर,
जितना भी तुम चतुराई से टालो प्यार की बात
तुम्हारी ओर जाने की इच्छा बढ़ती मुझमें और।

शर्त

केवल हृदय लिये चुप बैठे रहना
यह मुझसे नहीं होगा
तुम्हें निचोड़कर उसका सत्व चाहती हूँ
चखना चाहती हूँ तमाम स्वाद।

बदले में चुकाओ जितना भी बकाया है
शरीर का क़र्ज़, देनदारी।

दुविधाहीन

नदी के गहरे में उतरूँगी मैं
भले अच्छी तैराक नहीं हूँ
साठ के युवा, चाहो तो प्यार कर सकते हो
प्रेम में मैं उम्र नहीं गिनती।

चिड़िया

तुम्हारा हृदय पत्थर हो गया है
पत्थर मुझे दो, छुऊँ मैं
इसे गलने दो
प्यार नाम की चिड़िया को अपने बन्द पिंजरे से उड़ने दो
नहीं तो वह मर जाएगी।

हिसाब

कितना प्यार दिया
कितने गुलाब भेंट किये
कितना समय, कितने समुद्र दिये
कितनी उनींदी रातें दीं, आँसू की कितनी बूँदें दीं—यह सब जिस दिन
आवेग के क्षण में मुझे बता रहे थे, जताना चाह रहे थे
ख़ूब प्यार करते हो मुझे, मैं समझ गई थी कि तुम
अब मुझे थोड़ा भी प्यार नहीं करते।

प्यार ख़त्म होते ही लोग हिसाब करने बैठते हैं, तुम भी बैठे हो

प्यार तभी तक प्यार है
जब तक वह अन्धा है, बहरा है
तभी तक
जब तक नहीं है उसमें हिसाब-किताब।

व्यस्तता

तुम पर भरोसा किया था, जो कुछ भी था, दिया था मैंने
जो कुछ भी कमाई थी!
देखो न, अब कैसे भिखारिन की तरह बैठी रहती हूँ!
कोई मेरी ओर देखता भी नहीं।
तुम्हारे पास वक़्त क्यों होगा देखने का! कितना काम है तुम्हारे पास
इन दिनों तो व्यस्तता भी ख़ूब बढ़ी है
उस दिन देखा, न जाने किसे
प्यार करते हुए बहुत व्यस्त थे तुम
वह प्यार जो मैंने तुम्हें दिया था।

प्रेम-2

जीवन के वृन्त से झर रही है उम्र
तब भी प्रेम फूटता है हृदय में, वह किसी और बन्धन को
मानता है क्या...
बाल्टिक में ज्वार-भाटा नहीं है, और देखो, उसी के किनारे बैठी हूँ
मेरे सर्वांग में है ज्वार।

बहुगमन

अगर चाहो चले जाना, देर करने की
कोई ज़रूरत
है क्या? न हो तो पहुँचा
आती हूँ मैं, जिस ओर ताकते
रहते हो सारा दिन। इस ओर निश्चिन्त मैं
कि शायद मेरे ही बारे में सोचते हो, हालाँकि यह कितनी भीषण मूर्खता है!
कहाँ अटका रहता है तुम्हारा मन, जानती हूँ
जानते हुए भी अनजान बनकर हृदय
रखती हूँ तुम्हारे लिए।
सब है धोखा
एक दिन पता चलता है
तब झटपट भागती हूँ।
तुम्हारा आँगन छोड़
स्मृतियों को झाड़कर दूर खड़े होने की
जितनी भी कोशिश करती हूँ; नहीं कर पाती
सब कुछ को घेरता हृदय से अविरल पानी झरता रहता है
तुम क्या यह सब समझते हो? मुझे अकेला छोड़
इस तरह जो चले जाते हो
पीछे क्या एक बार भी भूलकर देखते हो?

अग्नि

कल रात अचानक आग लगी थी घर में
अनेक दिनों का शीतल शरीर
ताप-उष्णता भूला ठंडा, शीतल शरीर
स्पर्श से रहित ठंडा शरीर,
उस शरीर ने कल अग्नि का स्पर्श किया था।
स्पर्श को उकसाने पर जो होता है, हाथ-पैर फैलाते-फैलाते वह बड़ा होने लगता है।
बड़ा होते-होते होंठ की पहुँच में आता है
आग की तीखी जीभ ने कल न जाने कैसे होंठ को छू लिया था।
आग ने कल मुझे चूमा था।
आग ने कल मेरी ठुड्डी, छाती, पीठ, पेट, यौनांग
पिंडलियों को छुआ था।

जल जाना चाहते थे मेरे होंठ पर जले नहीं
जल जाना चाहता था मेरा शरीर पर जला नहीं
थोड़ी-सी आग अन्ततः मेरा कुछ भी जला नहीं पाई।
जल जाने की इच्छा होती है पर जल जाने पर राख हो जाऊँगी
जान-बूझकर राख होना भला कौन चाहता है!

अकेले-अकेले भला कोई कितना राख हो सकता है
एकाकी निर्जन मनुष्य।

आग के साथ मैं शरीर का खेल खेल रही थी।
मामूली-सी आग, आधी रात के पहले ही न जाने कैसे अचानक बुझ गई थी,
हार गई थी।
अपनी केंचुली में ख़ुद को घुसाकर
चली गई थी आग
चारों ओर अँधेरा कर चुपचाप चली गई थी आग।

बर्लिन का चाँद

एकदम ऐसा ज्यों पोखर पार
हुस्नहेना गाछ के किनारे उगा चाँद।
फुलवारी के रास्ते में जो बाँस का झुरमुट है
उस झुरमुट की ओर क़दम बढ़ाओ
तो कन्धे पर झुक आएगा ठीक वैसा चाँद।

बर्लिन की यह माटी सूँघने पर गन्ध आती है
सड़े हुए हाड़-मांस की
स्मृतियाँ हैं हिटलर की
कुछ यहाँ, कुछ वहाँ
कुछ मन-मस्तिष्क में।
कारख़ानों का धुआँ
छूता है आसमान
भग्न गिरजाघर, नया दालान—सबको लाँघकर
उगा है चाँद।
ऐसा जैसे एकदम बरुआ के परित्यक्त
घर का चाँद।

दिन के समय काटी जाती मछलियाँ
जहाँ का तहाँ रखा है हँसुआ।
किशोरियाँ चाँद के शीतल जल में नहाने जाती हैं
छत पर
आधी रात।
ऐसा जैसे एकदम आमलापाड़ा के पढ़ने वाले
कमरे की खिड़की से देखी मोहल्ले के
सुशान्त दा की हँसी
कहते थे लोग, पागल है सुशान्त!
धत्, पागल समझा जाने वाला कैसे बजा सकता है
पागल कर देने वाली बाँसुरी?
क्या बजा सकता है?

चाँद का कोई पूरब-पश्चिम नहीं, आकाश
उसके आँगन की तरह
केवल मनुष्य का ही है इतना
अच्छा-बुरा, उजला-काला
चाँद असल में उसका है, हृदय में जिसके भरा है प्रकाश
और शरीर में प्रगाढ़ अन्धकार।

दु:सहवास[1]

तुमने मेरा सर्वनाश किया है।
मेरे स्वास्थ्य की ओर तुमने कीटाणुग्रस्त ऐसा पत्थर फेंका है
जब तक जिऊँगी, हाँफती रहूँगी
नष्ट हो चुके गर्भाशय, फेफड़े और किडनी के साथ जिऊँगी
हाँफती-हाँफती
उलटी तैराकी, रस्सीकूद और गोल्लाछूट[2] में
जिसका दिन बीतता रहा हो
जिसका नशा रहा हो घूमना
वह अगर बिस्तर पर पड़ी रहे, तो सिरहाने
जमा होते हैं सन्तरे-अंगूर!
मेरे निर्दोष आनन्द की ओर क्यों तुमने फेंक मारा फटा जूता
विद्रूप के तीर।
तुम मेरे सौन्दर्य को गन्दे नाले में डुबो चुके हो
मैं अब आधा तिल भर भी नहीं बची हूँ
ऐसा भीषण सर्वनाश कौन कर सकता है भला, बिना किसी दुविधा के
तुमने किया।

तुम्हारे ही कारण मैं स्वीकार करती हूँ यह सम्पूर्ण दु:सहवास।

---

1. साथ रहने के कटु अनुभव (बांग्ला में सहवास का अर्थ साथ रहना है)।
2. बंगाल के गाँवों में खेला जाने वाला एक खेल।

तुम्हारा न रहना

तुम क्या कहीं हो
बादल या इन्द्रधनुष की ओट में?
हवा की पीठ पर सवार होकर बीच-बीच में आते हो, मुझे छू जाते हो!
तुम क्या देख रहे हो, चाय एकदम ठंडी हो गई है
और मैं देख रही हूँ सामने के घर, मनुष्य, गाड़ियाँ
दोपहर में सड़क पर बरसती आग
झरे हुए सूखे पत्ते, बेजान डालियाँ
बूढ़े कुत्ते की लाल जीभ से टपकती लार
और तुम्हारे न होने की ओट।
तुम क्या छिपकर देख रहे हो
कि एकटक देखते-देखते
किस तरह जल रही हैं मेरी आँखें—
तुम क्या पेड़ बन कहीं पर खड़े हुए हो,
या चिड़िया, तितली!
या कि कोई कंकड़ बनकर किसी अजाने देश में!

लोग खा-पी रहे हैं, चल-हँस रहे हैं
दौड़ रहे हैं, सुस्ता रहे हैं, प्यार कर रहे हैं
सिर्फ़ तुम्हारा न होना बीच में बैठा हुआ है, अकेला।

लेटे-लेटे

मेरे पास सोओगे, आओ
तुम्हारी जाँघ पर अपना सिर रखती हूँ मैं
एक तरफ़ झुकी मेरी कमर पर तुम रखो अपनी बाँह
ऐसे भाई-बहन की तरह, बहन-बहन की तरह, चिड़िया-चुनमुन की तरह,
तोता-मैना की तरह
पेंगुइन दम्पति की तरह, चलो लेटे रहें।

लेटे-लेटे बचपन में तालाब में दोपहर को बतख़ों को तैरते देखा था तुमने
एक छोटा बतख़ रास्ता भूलकर रो रहा था, उसे उठाकर तुम
पहुँचा आए थे उसकी माँ के पास—
लेटे-लेटे, दौड़ते-दौड़ते अचानक मैंने छू लिया था सेमल का पेड़,
मेरी उमर थी पाँच साल, तब मैंने पहली बार सेमल को छुआ था
तितली के पीछे-पीछे दौड़ते-दौड़ते
एक पहाड़ के पास ठिठककर खड़ी हो गई थी
पहली बार मैंने पहाड़ देखा था।

यही सब बातें करेंगे हम एक दूसरे से,
अपने कैशोर्य, यौवन के बारे में बताएँगे

बुढ़ापे की बात जुबान पर नहीं लाएँगे, उस बारे में
परस्पर चूमते हुए, एक दूसरे को स्पर्श करते हुए
नग्न होते-होते
एक दूसरे को प्यार करते हुए
कहेंगे।

इस तरह टूटकर कभी किसी ने प्यार नहीं किया

मेरा यह सब क्या हो रहा है
जैसे तुम्हारे बिना संसार में कोई इनसान नहीं
कोई कवि नहीं, पुरुष नहीं, प्रेमी नहीं, हृदय नहीं!
मेरा तो मानो घर-गृहस्थी में बड़ा मन लग रहा है?
बड़ा मन लग रहा है लिखने-पढ़ने में?
मेरी तो मानो हज़ारों पड़े हुए कामों की ओर देखने की
बड़ी इच्छा हो रही है? सभा-समितियों में जाने की?
बहुत हुआ यह सब, अब कुछ और हो
किसी और काम में दिल लगाऊँ, कोई और काम मुझे ख़ुशी दे।
असल में सारी मुश्किलें मन के साथ ही हैं
मन कहीं अटक गया तो अटका ही रह जाता है
मन को कहीं और वसन्त के रंग की तरह बिखेर दूँ
ऐसा होता नहीं।
शायद सब लोग सारे काम नहीं कर सकते
मुझसे जो काम नहीं होता
तो नहीं होता!

तुमने कल आधी रात को नींद से जगाकर प्रेम की बातें सुनाईं
लगा जैसे सपना देख रही हूँ कोई।

सपना ही तो था, यह एक तरह से सपना ही तो था
इससे पहले कभी किसी ने मुझसे इस तरह प्रेम-भरी बातें नहीं की थीं
सोती हुई लड़की को जगाकर चूमना नहीं चाहा
इतने सुन्दर और आश्चर्यजनक शब्द नहीं सुनाए किसी ने कभी
इतना प्यार किसी ने नहीं दिया
इतना टूटकर कभी किसी ने नहीं किया प्रेम
तुम कैसे बने ऐसे प्रेमी? तुम कैसे इतने बड़े प्रेमी बने?
तुम क्यों जानते हो इतना सारा प्रेम? किसने सिखाया?
जैसा प्रेम पाने के लिए मैंने पूरा जीवन इन्तज़ार किया, देखे सपने
पर नहीं पाया कुछ भी
और इस अन्तिम उम्र में आकर जब शरीर को खोखला कर चुके हैं
बीमारियों के कीट
जब मर जाऊँगी, जब मर रही हूँ, तब यदि
गुच्छा-गुच्छा प्रेम आकर घर भर दे
मन भर दे, तब सब कुछ सपना ही तो लगेगा
सपना ही लगता है।
कई बार लगता है तुम हाड़-मांस के आदमी नहीं हो
बहुत प्रत्याशित, कई बार देखे सपने को साकार करने
अचानक तूफ़ान में उड़कर मेरे हृदय के आँगन में तुम आए।
पहले कभी नहीं लगा कि इस तरह नींद से अचानक जग जाना
दरअसल मुझे बहुत प्रिय है
पहले मुझे कभी नहीं लगा कि कुछ उष्ण शब्द मेरे ठंडेपन को
पहाड़ की एकदम चोटी तक भेज सकते हैं
पहले कभी मुझे पता नहीं चला कि कुछ मोहक शब्दों के शरीर को चूमते हुए
मैं रात को भोर में बदल सकती हूँ।

व्यक्तिगत मामला

भूल गए हो, जाओ
ऐसे तो कोई भी भूल सकता है
ऐसा कोई अनूठा काम तुमने नहीं किया
अब मुड़कर मत देखना मेरी ओर, मेरे ख़ालीपन की ओर
मैं जैसी भी हूँ, जैसी भी रहूँ, मेरा जीवन है, तुम इस जीवन की ओर
करुणा-भरी आँखों से मत देखना कभी।
भूल गए हो, जाओ
बदले में यदि मैं भूल न पाऊँ, न भूल सकूँ तुम्हें,
यह मेरा व्यक्तिगत मामला है, तुम इसमें दख़ल मत देना
यह मेरा जीवन है, किसके लिए रोती हूँ, किसे चुपचाप प्यार करती हूँ
कोशिश मत करना जानने की।

भूल जाने पर यही तो होता है,
यही होता है छोड़कर जाने से—
अपने-अपने जीवन की तरह
अपना-अपना होता है व्यक्तिगत मामला भी।
तुम तो सब जानते ही हो,
जानते हुए भी क्यों कहते हो
कि बीच-बीच में ख़बर देती रहूँ, मैं

कैसी हूँ।
मैं कैसी हूँ इससे तुम्हें क्या फ़र्क़ पड़ता है!
अगर कहूँ कि अच्छी नहीं हूँ, अगर कहूँ कि तुम्हें
देखने की बहुत इच्छा होती है
अगर कहूँ कि बेचैन है दिल तुम्हारे लिए
बेचैन है शरीर!
तुम तो मेरे पास दौड़ते हुए नहीं आओगे मुझे प्यार करने!
तो तुम्हें यह बताने से क्या लाभ
कि आख़िरकार मैं संन्यासिन बन गई हूँ!

अभिशाप

प्रेम मुझे तोड़कर टुकड़े-टुकड़े कर दे रहा है
मैं अब मैं नहीं
ख़ुद को ही नहीं पहचान पाती
न शरीर पहचानती हूँ, न मन।
न ही पहचान पाती अपनी चाल
अपनी दृष्टि को।
कैसी अजीब हो रही हूँ मैं
दोस्तों के साथ बैठकर जब हँसना चाहिए
नहीं हँसती
जब दुखी होना चाहिए, नहीं होती।
प्रेम से निकालकर एक क्षण के लिए भी
अपने मन को स्थिर नहीं कर पाती।

घना अँधेरा घिर आया है पूरी दुनिया में
चाँद-सूरज का कहीं कोई ठिकाना नहीं, रात-दिन का कोई ठिकाना नहीं
नष्ट हुआ यह जीवन
बर्बाद हो गई मैं।

अगर अपने दुश्मन को अभिशाप देना हो,
तो अब मैं यह नहीं कहती कि तुझे कोढ़ फूटे, तू मर जा, तू मर।
बहुत स्वाभाविक तरीक़े से
अब यह अभिशाप देती हूँ : तेरा किसी से प्रेम हो।

हाथ

फिर तुम्हारे हाथ में रखूँगी अपना हाथ
जीवन को सहेजकर धारा के प्रतिकूल बहती नाव से
गहन मध्य रात्रि में मैं फिर आई उसी आँगन में
देखते नहीं क्या चाँद के तले खड़ी रोती दुखवती लड़की।

उँगली मेरी काँप रही है, हाथ बढ़ाओगे कब
ओस में भीगा शरीर पत्थर हो जाएगा तब?
हाथ छुड़ा लिया था जब हो रही थी वर्षा
पाने पर किसी नारी को चबा जाते तुम कच्चा।

शीत के भार से श्लथ बाँह छूकर मैंने देखा
प्यार का मन मर चुका, शरीर है अचल
जाती जिधर मैं, उधर ही सब कुछ नक़ली लगता कितना
अब भी तुम वैसे ही हो। उम्र गई, साल बीते, तब भी।

अपने कन्धे पर अपना हाथ रख ख़ुद ही कहती हूँ
पास के घर में आई थी, अच्छा अब मैं चलती हूँ।

वे होंठ, वह जीभ

बिना प्रेम किये ही तुमने कहा था कि तुम प्रेम करते हो
एक दिन-दो दिन नहीं, महीनों, साल गुज़र गए
तुम ऐसा कहते रहे।
तुम्हारे वे होंठ, वह जीभ गवाह हैं कि तुमने कहा था।
और तो कहीं नहीं है कोई निशानी
सीने के पास था एक दाग़ मामूली-सा, अब वह भी नहीं
भीतर-बाहर कोई कुछ भी नहीं जानता
उन होंठों और जीभ के अलावा तुम्हारा और कोई गवाह नहीं।

मेरा शरीर गवाह है
कई सालों से मेरी अनछुई पसन्दीदा साड़ी
कंघी, आँखों का काजल, जल
रात-भर बिना शर्त समर्पण
वह कम्पन
जल में गोते लगाना, बहते चले जाना
और गवाह है यह हृदय, कहा था तुमने प्रेम करते हो।

प्रेम न करके भी जो कहते हैं कि प्रेम करते हैं
वे कैसे लोग होते हैं, यह जानने की इच्छा पुरानी थी

वे भी दूसरे लोगों की ही तरह चलते हैं
घर लौटते हैं, सोते हैं रात को।
वे भी सुबह की चाय के साथ अख़बार पढ़ते हैं
वे भी गाने सुनते हैं, उनकी भी होती है गृहस्थी।

मेरा हृदय नहीं जानता कि तुम प्रेम नहीं करते
जब भी वह तुम्हारे हृदय को छूने जाता है
तुम्हारे होंठ और जीभ से टकराकर चोटिल होता है
और उस होंठ और जीभ को ही तुम, और तुम्हारा हृदय समझ
वह ख़ुश होता है। हाय हृदय! अन्ध हृदय!

अन्धे को कौन बताए कि वह तुम्हारा हृदय नहीं है
वे सिर्फ़ होंठ हैं
जीभ है वह एक अदद।
कौन बताएगा कि वे सिर्फ़ एक-दो शब्दों को उचारना ज़ानते हैं
अर्थहीन कुछ शब्द!

प्रेम न करके ही तुमने कहा था प्यार करते हो
ख़ुद को यह नहीं बताया मैंने, तुम्हें भी नहीं बताऊँगी।
केवल हृदय नहीं, यह समूची मैं ही अंधी हूँ
किसे पता कि मैं
जन्म से अन्धी हूँ या नहीं!

साँवला सलोना

तुम्हें देखने पर
मन करता है, शुरू से
शुरुआत करूँ जीवन की।
तुम्हें देखने पर
मन करता है, मर जाऊँ
मरकर पावन जल होऊँ
कभी प्यास लगने पर शायद तुम उस जल को छूकर देखो।

अपना आकाश दूँगी
धूप-वर्षा जब जो मर्ज़ी चाहे लेना
तुम्हारी अनिद्रा को मैं दूँगी अपनी मॉर्फिन[1]।

तुम्हें देखने के लिए
बारह साल जितनी लम्बी एक रात देना
तुम तो चाँद से भी अधिक चाँद हो
तुम्हारी रोशनी में बड़ा-सा जूड़ा बाँधकर
सिन्दूर लगाकर एक दिन बड़े शौक़ से बनूँगी रमणी।

तुम्हें देखने पर
मन करता है, मर जाऊँ। तुम्हारी आग
यदि मेरी मुखाग्नि हो, मरकर मैं स्वर्ग जाऊँगी।

---

1. नींद की दवा।

चिट्ठी-पतरी की कहानी

इन दिनों दरवाज़ा खोलकर मैं
सुबह-सुबह बाहर खड़ी होती हूँ।
बाल सुखाने के लिए नहीं
मूँगफली वाला तो शाम को आता है
एक-दो चिड़ियों की चहचहाहट?
वह घर के अन्दर से ही अच्छी लगती है
दाल की बड़ियाँ सूखती हैं छत पर
बीच सड़क पर बाल काढ़े लड़कों को देखूँ
वह उम्र अब नहीं है।
तो फिर?

असल में मेरी एक नई आदत है
डाकिया सुबह-सुबह गुज़रता है
क्या पता, अचानक एकाध चिट्ठी फेंक जाए वह
घर के शैतान बच्चे बिना समझे उसका हवाई जहाज़ बना देंगे
खेलेंगे
इसी डर से खड़ी होती हूँ आकर।

हालाँकि यह बात भी मैं समझती हूँ
तुम तो अब अपनी गृहस्थी में रम गए हो
शाम को कठगुलाब के पौधे में पानी देते हो
अँधेरा घिर जाने पर बीवी-बच्चों के साथ घूमने निकलते हो
तुम मुझे चिट्ठी क्यों लिखोगे?

सुखी रहने पर क्या कोई किसी को चिट्ठी लिखता है?

अभिमान

याद रखना, मैं जितना निकट हूँ
उतनी ही दूर भी जा सकती हूँ
तुम्हारे प्रेम को जिस तरह लपककर स्वीकार किया
उससे भी अधिक कर सकती हूँ तुम्हारी अवहेलना
जन्म लेने का दाय, प्रतिभा का पाप लिये
हमेशा पत्थर हटाकर बनाती हूँ अपना रास्ता
अतल निषेध में डूबते-डूबते उबर आती हूँ
मेरा कौन है एक मेरे सिवा?

प्राप्ति

सुबह-सुबह भूसा चुनने गई
मेरी टोकरी भर गई है फूलों से
इतना तो चाहा नहीं था
इतना सब कहाँ रखूँ, कहाँ बैठूँ, कहाँ जाकर रोऊँ।
पूरा जीवन शून्य था
किसी को क्यों परवाह होती मुझे कुछ देने की
अब तुम डाल दे रहे हो, भर दे रहे हो, पास खींच रहे हो
इतना तो मिलना नहीं था मुझे!

आशा-हताशा में

इतना कुछ बजता है, बज उठता है शरीर का रन्ध्र-रन्ध्र
बजता है मन, मन के आँगन में सात बार घूम-नाचकर
बज उठता है अकेला नूपुर
बजते हैं भरे हाथ चाँदी के कंगन
खिड़की के काँच में आषाढ़ की वर्षा की फुहारें रिमझिम बजती हैं
मेघों से रगड़ खाते हैं मेघ, बज उठती है बिजली।
त्रिताल में बजते हैं स्वप्न
भीषण तांडव करते हुए बजती है अन्दर की निस्तब्धता।

इतना कुछ बजता है
सिर्फ़ दरवाज़े पर अचानक नहीं बज उठती एक निविड़ दस्तक।

कम्पन-8

अगर सचमुच हृदय छूने की चाह है तुम्हारी
तभी मैं अपने शरीर-जल से रचूँगी एक नदी।

कम्पन-9

तुम्हें अपने आँचल में अच्छी तरह बाँधकर रखा है
फिर भी दिन-पर-दिन तुम्हारे न होने से रोयी हूँ।

कम्पन-10

जबड़े पर एक उँगली रख
होंठों से सटे होंठ।
जैसे रात बीतने पर
मुर्ग़ा धान और धूल खोंटता है अपनी चोंच से।

कम्पन-11

सोने, हीरे-जवाहरात से आज ही बनाया है महल
प्रेम करो तो यह सब छोड़ संन्यासी बन जाऊँगी।

कम्पन-12

मचान पर रख दो शरीर, क्या पता, कोई खा न जाए।
कीड़े न भी खाएँ, उम्र तो खा ही जाएगी शरीर को!

कम्पन-19

मैं अब वैसी युवती न रही, जैसी पहले थी कभी
पर उतनी वृद्धा भी नहीं, जितनी आगे होऊँगी।
अगर तुम्हारे स्पर्श से जागता है मेरा शरीर,
तुम कोई भी क्यों न हो, बिना किसी दुविधा के सोऊँगी।

प्यार की कोई उम्र नहीं होती

प्यार में क्या ऐसा कोई नियम है कि उम्र बीस-पच्चीस ही होनी चाहिए?
प्यार करने की उम्र क्या होती है जी?
सोलह की तरह साठ में भी बह सकती है फल्गुधारा।

साठ की उम्र में भी रो सकता है हृदय
आलिंगन में काँप सकती हैं प्रेम में विभोर उँगलियाँ।
साठ की उम्र में भी सीने में ज्वार उठ सकता है
साठ की उम्र में भी कीचड़ में से कमल तोड़ लेने का मन मरता नहीं है।
उम्र एक मामूली धागे की तरह है, चाहो लाँघा जा सकता है
जितनी बढ़ती है उम्र, प्रेम की लता भी उतनी ही ऊपर उठती है आकाश
छूने को, बनती है पेड़।
सुनो, उम्र जितनी बढ़ती है, मनुष्य उतना ही होता है प्रेमी।

निमज्जन[1]

पास में उफनती नदी है तो डबरे में डूबने क्यों जाऊँ?
जिसको इच्छा हो जिधर, जाए।

तुम मेरे सात समन्दर हो,
भरा हुआ पोखर,
तुम मेरे गहरे जलाशय।
सारी दोपहर तैरते हुए
तुम्हारे पानी में डूबकर मरना भी प्यार की जीत है।

---

1. स्नान।

अनुबन्ध

एक शाम मेघना[1] जाऊँगी, ठीक है न!
पहले के वहाँ के सारे अनुभव कसैले हैं,
अगर नाव पर बैठूँ तो भैया ज़रा सँभलकर खेना
देर शाम को भूख लगने पर काचकी-चच्चड़ी[2] खा लूँगी,
चन्द्रमुखी आकाश को मेघना के आईने में
उलटा लिटाकर यों ही कुछ सपने बुनूँगी।

ख़ुशी में तैरता है यह शरीर, इस ज्वार में है ख़ुशी
मैं जानती हूँ, तुम पैर छूना चाहते हो नदी के।
मेरी इच्छा बड़े शहर से दूर जाने की है
ओ चंचल बालक, अगर तुम साथ जाना चाहते ही हो
तो ज़रा सँभलकर चलना, कहीं फिसल न जाना
तैरना जानते हो? लगता तो नहीं है, जबकि नाव जर्जर है।
एक शाम को हम जीवन को फिर छुएँगे, ठीक है न!
कितने दिनों से मेरा अन्तर्मन ख़ाली है।

---

1. बांग्लादेश की एक नदी।
2. काचकी मछली का एक व्यंजन।

प्रेम का बोझ

ख़ुशी से सराबोर प्रेम मेरे कन्धे पर सवार है
और उसके बोझ से
मैं हूँ विकलांग
कुबड़ी—
शरीर की हड्डियों में बढ़ रहा है क्षय।

मन होता है पंखों की तरह
उड़ूँ,
घूमूँ-फिरूँ
अनायास ही फलाँगूँ बीस मंज़िला सीढ़ी
जीवन के उलझे हुए धागों को
तोड़ दूँ।

अगर जाना चाहते हो

अगर जाना चाहते हो तो इसी तरह जाना—
जैसे गए हो
ठीक उसी तरह चुपचाप, ताकि मुझे भनक न हो
दरवाज़ों को आधा खुला छोड़कर
और तुम लौट आओगे यह सोचकर कभी साँकल न चढ़ाऊँ।

जाना, अगर जाना ज़रूरी ही हो तो दो-चार कपड़े ग़लती से
अलगनी पर फेंककर—इसी तरह
स्नानघर में रख जाना तौलिया
एक जोड़ी चप्पल—इसी तरह
चंचल हवा भी साँकल खड़खड़ाती है कभी-कभी
किसी रात ऐसा भी सोच लूँगी, शायद तुम लौटे थे
बेसुध सोयी पड़ी थी इसीलिए चले गए।

सपनों के पंख

मैगपाई पक्षी के डैनों में मैंने सपनों के पंख चिपका दिये हैं
वह चिड़िया पहुँचा देगी उसे आकाश के पते पर।

मेरे सपनों के बारे में गुलबकावली जानती है, इसीलिए इतनी सुगन्ध बिखेरती है वह।

मेरे सपनों के बारे में अब जानेगा आकाश भी,
जानेगा वह,
जिससे प्रेम कर आकाश में एक छोटी-सी जगह मैं भी लूँगी।
मेरे सपने उतने भी क़ीमती नहीं
एकदम मामूली हैं। दुःसहवास से हमेशा के लिए छुट्टी।

प्यार-व्यार

बैठे रहो पास में या आमने-सामने
आँखों में आँख डाल सकते हो, न डालो तो भी चलेगा
हाथ पर हाथ रखने का सवाल ही नहीं है, उँगलियों के काँपने की भी बात नहीं है
हाथ के नीचे पसीने से भीगा हाथ
और सहमते-सहमते प्यार-व्यार की बात करने का तो प्रश्न ही नहीं उठता।
बैठे रहो केवल, आँख अगर परेशान करती है तो रहने दो
दूर ही बैठो
इतनी दूर ताकि तुम्हें देख पाऊँ
तुम्हारे बाल, आँख, ठुड्डी,
तुम्हारी आँखों की पलकें काँप रही हैं या नहीं
दोनों भौंहें टकरा रही हैं या नहीं
देखूँ, होंठ और गाल कट गए हैं या नहीं
जैसे देखूँ कि वहाँ तुम तुम्हारी ही तरह हो देखने में
जहाँ बैठे हो, दूर पर उतने ही दूर नहीं
हाथ की पकड़ में न हो आँख की पकड़ में तो हो।
इससे भी दूर जाने की अगर इच्छा हो तो चले जाना
न हो तो रख जाना अपनी छाया ही

छाया के साथ रात बिताऊँगी, इसमें क्या परेशानी है?
छाया का हाथ हाथ में लेकर शून्य में उड़ूँगी,
कई लाख ताराओं के साथ बोउची[1] खेलूँगी
और भोर होते ही आकाश से शरीर के भीतर शरीर
धप्प से नीचे गिरूँगी!
चाँद की रोशनी में बाल एक दूसरे का चुम्बन करते हैं
इसके बावजूद प्यार-व्यार की बातें छाया के साथ नहीं होतीं
तुम्हारे साथ तो नहीं ही

सम्भव हो तो बैठे रहो पास में
पास में नहीं तो आमने-सामने
आमने-सामने नहीं तो दूर
बैठने की इच्छा न हो तो सोये रहो, खड़े रहो
पर रहो।
दूर चले जाओ तो भी लौट आना
वापस आ जाना
रहना, आँखों से न देखो, मगर रहना
बात न करो तो भी रहना
निस्तब्धता ही रहे, फिर भी यह रहना ही तो है
यह तो तुम्हारी ही निस्तब्धता है।
प्यार-व्यार फ़ालतू चीज़ है
इन सबमें तुम्हारी रुचि नहीं है
तुम भले ही प्यार न करो, फिर भी रहो।
अगर नफ़रत करते हो तो करो
फिर भी रहो।

---

1. बोउची : बांग्लादेश का एक परम्परागत ग्रामीण खेल।

क्योंकि तुम, क्योंकि तुम्हारा

तुम्हारे माथे की सलवटों को भी, देखा है कि मैं प्यार करती हूँ
प्यार करती हूँ क्योंकि वे तुम्हारी सलवटें हैं
तुम्हारे गाल के कटे निशान को भी प्यार करती हूँ
प्यार करती हूँ क्योंकि वह दाग़ तुम्हारा है
मेरी ओर देखती तुम्हारी परेशान नज़र को भी मैं प्यार करती हूँ
क्योंकि वह नज़र तुम्हारी ही है
तुम्हारे व्यर्थ असन्तुलित जीवन को भी पलक झपकाए बग़ैर देखती हूँ
तुम्हारा है इसलिए देखती हूँ।
तुम्हें देखते ही तुम्हारे पास आग की तरह तेज़ी से जाती हूँ, तुम्हारी ही वजह से
हाथ बढ़ा देती हूँ, तुम हो तभी तो, हाथ बढ़ाकर रखती हूँ
उन हाथों का तुम कभी स्पर्श न भी करो, फिर भी रखती हूँ हाथ
क्योंकि यह तुम हो।

यदि प्यार करो

यदि तुम प्यार करते ही हो मुझे, यदि करते हो प्यार
तो कहते क्यों नहीं हो कि प्यार करते हो! सबको बता क्यों नहीं देते
कि प्यार करते हो! तुम दुस्साहस का परिचय मेरे कान में ही क्यों देते हो!

अगर प्यार करते हो, तो जूही का यह फूल क्यों नहीं जानता कि प्यार
करते हो!
उस फूल की तरफ़ टकटकी लगाकर देखती रही, उसने तो एक बार भी
मुझे नहीं कहा
कि प्यार करते हो! यह कैसा प्रेम है जी! सिर्फ़ मेरे सामने ही नाचते हो तुम!
इस तरह तो दरवाज़ा बन्द कर चुपके-चुपके किसी के भी सामने नाच सकते
हो तुम!
मैं अब तुम पर यक़ीन नहीं करती, चाहे जितना भी बोलो।
पहले मुझे चिड़ियाँ कहें, पेड़, पेड़ों के पत्ते, फूल बोलें
आकाश बोले, मेघ-वर्षा बोलें, धूप बोले, चन्द्रमा की रोशनी बोले, नक्षत्र बोलें,
पड़ोसी बोलें, हाट-बाज़ार के लोग बोलें, तालाब का घाट बोले,
तालाब का पानी बोले
कि तुम मुझे प्यार करते हो!
यह सुन-सुनकर जब मैं रह नहीं सकूँगी तब तुम्हें उस चौराहे पर ले जाकर
सौ लोगों के सामने चूमूँगी, जो होगा, देखा जाएगा।

प्यार क्या छिपाने की चीज़ है! दिखा-दिखाकर
सुना-सुनाकर ही तो प्रेम किया जाता है।
अपने प्यार को जताने के लिए हम धूमधाम से आयोजन करेंगे, थई-थई
नाचूँगी, नचाऊँगी,
इतनी बड़ी ख़ुशख़बरी चारों तरफ़ ढोल पीटकर बता दें, क्यों!
जूही का वह फूल जिस दिन बोलेगा कि तुम मुझे प्यार करते हो,
उसी दिन तुम्हें
कहूँगी कि तुम्हें भी मैं प्यार करती हूँ, उससे पहले क़तई नहीं।

ज़िन्दा रहना

मेरे प्यार से तुम बचना चाहते हो,
भाग रहे हो ताकि मैं तुम्हें छू न सकूँ,
भागते हुए कह रहे हो कि तुम दूध पीते बच्चे नहीं हो,
किशोर नहीं हो, युवा नहीं हो, तुम्हारी बहुत उम्र हो चुकी है अब,
तुम अब वृद्ध हो, धीशक्ति, दृष्टिशक्ति घटी है, तुम नहीं चाहते हो प्यार
आकर तुम्हारे
हृदय को अब मारे, नींद हराम करे तुम्हारी, तुम्हारे शरीर को
छटपटाहट दे।
तुम प्यार के उत्पात से बचना चाहते हो
सोच रहे हो, तुम्हारी उम्र देख ग़लत रास्ते पर चल पड़ूँगी मैं, अपना मन
मार लूँगी!
सोच रहे हो, उम्र तुम्हें बचा लेगी।

तुमने कैसे सोचा कि उम्र तुम्हें प्यार से बचा लेगी?
उम्र तुम्हें मेरे प्यार से नहीं बचाएगी
प्यार तुम्हें बचाएगा उम्र से।

आओ यहाँ, अच्छे बच्चे की तरह आओ मेरे पास, मेरा प्यार स्वीकारो।

कहीं कोई

कहीं न कहीं बैठकर याद कर रहे हो मुझे, मुझे देखने की ख़ूब इच्छा हो रही है
तुम्हें, मन ही मन देख रहे हो मुझे, बात कर रहे हो
चल रहे हो मेरे साथ, हाथ पकड़ रहे हो, हँस रहे हो।
अब जब सोचती हूँ, इतनी अकेली हूँ मैं, पर सालता नहीं है अकेलापन मुझे,
घास पहले से अधिक हरी लगती है,
गुलाब पहले से ज़्यादा लाल,
भीगे दिन भी लगते हैं साफ़-चमकते,
कहीं न कहीं कोई मेरे लिए है
यह मुझे चिन्ताओं से मुक्त करता है
घोर अँधेरे दिनों में देता है रोशनी,
और जब ऊपर-ऊपर दिखाती हूँ कि ठोस ज़मीन है मेरे पैरों के नीचे,
जबकि असल में नहीं है, असल में धँस जा रहे हैं मेरे पाँव, तब मुझे साहस देता है।
जब लगता है कि भीषण तूफ़ानी हवा में पलट जा रही हूँ, जैसे सौ गिद्ध
मेरी ओर उड़ते चले आ रहे हैं, हिंस्र मनुष्य दौड़े आ रहे हैं नोच खाने के लिए मुझे
मेरी इस असहायता को यह सोच सुरक्षा देती है।
कोई मुड़कर देखता नहीं है, स्पर्श नहीं करता, प्यार नहीं करता

यह देखकर भी अगर मैं टूटती नहीं, अगर मैं बह नहीं जाती नदी में,
अगर मैं रो-रोकर
बेहाल नहीं होती-तो इसीलिए कि तुम हो, कहीं न कहीं तुम हो इसलिए।
हो, कहीं हो
जिस किसी दिन इच्छा होने पर तुम्हें पा सकती हूँ मैं,
इस उम्मीद के कारण ही तुमसे दूर रह पाई हूँ मैं
इस उम्मीद ने ही ज़िन्दा रखा है मुझे।

जब नहीं हो, तब हो

जब मेरे साथ तुम नहीं होते
मेरे साथ तब तुम सबसे ज़्यादा रहते हो।
मैं चलती हूँ, लगता है बग़ल में चल रहे हो तुम भी,
तुम्हें साथ लेकर बाज़ार जाती हूँ,
जो तुम खाना पसन्द करते हो, ख़रीदती हूँ, तुम नहीं हो, यह जानकर भी
ख़रीदती हूँ।
जब खाना बनाती हूँ, ऐसा लगता है दरवाज़े पर पीठ टिकाए तुम खड़े हो,
मन ही मन तुमसे बात करती हूँ।
खाने बैठती हूँ, सोचती हूँ बैठे हो तुम भी।
जो कुछ देखती हूँ, पास खड़े देख रहे हो तुम भी,
जो सुनती हूँ, तुम भी सुन रहे होते हो।
तत्त्व में-तर्क में, गाने में-कहानी में तुम्हें रखती हूँ अपने पास।
तुम पूरा दिन साथ रहते हो,
जितनी देर जगी रहती हूँ, तुम भी रहते हो,
सोने पर रहते हो सपने में।
तुम नहीं हो, फिर भी किस क़दर तुम मौजूद हो।

तुम जब सचमुच मेरे साथ होते हो, तब इतना अधिक नहीं होते मेरे पास।

अरण्य, तुम

आँखों के सामने खड़े हो तुम, अरण्य,
मैं जगत नहीं देख पा रही हूँ।
अन्धकार देकर मेरी इन्द्रियों को सुला दिया है तुमने,
किसी की आवाज़ नहीं सुन पा रही,
अपना आर्त स्वर भी नहीं।
सिर्फ़ तुमको सुन रही हूँ,
तुम्हारा झूठ,
तुम्हारा छल-कौशल,
तुम्हारा फण फैलाना, तुम्हारी प्रताड़ना।

तुमने मुझे ग्रस लिया है,
ग्रहण लगा है शरीर में, हृदय में घुस चुकी हैं ख़ून चूसनेवाली जोंक,
बर्बाद हो चुका मेरा रोम-रोम।
मेरे भीतर-बाहर अब जो है वह मैं नहीं, दूसरा है कोई।

इच्छा थी तुम्हें सभ्य बनाऊँगी,
पर देखती हूँ अंकुश में लाने का चाबुक है तुम्हारे ही हाथ में,
ऐसी सख़्ती से तुमने खींची है लगाम जैसे मेरे होंठों को छोड़
और कुछ नहीं मेरी हद में, जैसे लूँ तो सिर्फ़ तुम्हारा ही चुम्बन।

दो-तीन कैवर्टा[1] का सेवन कर इतने पुरुष हो गए हो तुम
कि मानो तुम्हारा उत्थान, एक तुम्हारा उत्थान ही मिटा सकता है
मेरी अतृप्त भूख।

उस तरह मत खड़े होओ अरण्य,
मैं दुनिया देख नहीं पाती।
सब कुछ अक्षत है तुम्हारा, गृहस्थी का हिसाब, स्त्री-पुत्र, शाम की शराब।
सब कुछ तो समझते हो, सोनागाछी, रूपागाछी, नन्दन-चन्दन,
शीतताप नियंत्रित वाहन घर, धन-दौलत, यश-ख्याति सब समझते हो
सिर्फ़ प्रेम नहीं समझते, कभी नहीं समझ पाये तुम इसे!

इच्छा थी तुम प्रेमी बनो
सब देकर सब कुछ खोकर
देखती हूँ और जो कुछ भी हो तुम कवि या कारोबारी, प्रेमी नहीं बन पाए।
वह क्षमता सबमें नहीं होती। जो हो तुम वही रहो,
तुम्हें सभ्य होने की ज़रूरत नहीं, मनुष्य होने की ज़रूरत नहीं, प्रेमी होने
की ज़रूरत नहीं।
सिर्फ़ आँखों के सामने से हटो। बाज़ू में या फिर पीछे खड़े रहो।
ताकि मैं मैं तो रहूँ।

---

1. यौन-शक्ति बढ़ाने वाली दवा।

अरण्य, तुम-2

तुम बहुत दूर के आदमी जैसे लगते हो अरण्य,
शाम बिताने के लिए तुम आते हो, मामूली कुछ बातें दोहराते हो,
चूमोगे नहीं तो पता नहीं मैं क्या समझ लूँ इसलिए दो-तीन चुम्बन भी देते हो।
सम्भोग के लिए शरीर के कपड़े इस तरह खोलते हो
जैसे पूरा दिन पसीने में भीगकर घर लौटकर पैर के मोजे खोल रहे हो,
खोलकर मेरे शरीर के साथ जो करते हो वह दोपहर के स्नान की तरह
होता है,
नहाकर टेबल पर परोसे गए भात में हाथ धँसाने की तरह, खाने के बाद
डकार लेकर
बिछावन पर दोपहर की नींद की तरह, उसके बाद शाम को निकल जाने
की तरह।
मुझे क्या तुमने घर की पत्नी समझ लिया है, अरण्य?
मैं क्या लम्बे दो युगों से गृहस्थी में शामिल तुम्हारी ज़रूरी चीज़ हूँ?

घने कोहरे की तरह बिना सोचे-समझे दौड़ जाते हो तुम
शाम का तुम्हारा चेहरा रोज़ ही एकदम नया लगता है,
तुम्हारे चेहरे की तरह, लेकिन ठीक तुम्हारी तरह नहीं।
तुम्हें स्पर्श करती हूँ, लेकिन ठीक तुम्हारी तरह नहीं।

छटपटाता मेरा मन कहीं खोया रहता था,
उसे भुलाकर तुम किस अरण्य में ले गए हो, अरण्य!
तुम्हारा अब इससे आगे आना भी क्या, न आना भी क्या,
अनर्गल बको या चुपचाप बैठे रहो, एक ही बात है।
कीच डाल-डालकर तुमने अपनी आँखों की ऐसी हालत कर ली है कि
उन्हें अब पढ़ नहीं पाती।
तुम क्या चाहते हो कि उन आँखों को अब न पढ़ूँ!
थोड़ा-थोड़ा करके मर जाऊँगी यह सोचकर कि तुम मर रहे हो!
थोड़ा-थोड़ा करके मुझे मारोगे क्या इसीलिए तुम मर रहे हो, अरण्य?

ख़ाली मन मन, तेरा शरीर नहीं है?

सुनो, उस तरह luv u luv u luv u एस.एम.एस. अब तो नहीं भेजोगे। थोड़ी देर में miss u miss u. अगर सच में मिस करते तो चार किलोमीटर दूर से दौड़ते हुए आकर चूमते हुए कहते प्यार करता हूँ। प्यार करता हूँ। प्यार करता हूँ। बंगाली पुरुषों की तरह आलसी जात दुनिया में नहीं है। वे वैसे ही आलसी हैं, तिस पर मोबाइल ने उन्हें और आलसी बना दिया है। रात जागकर बीस-बाईस पेज का प्रेमपत्र लिखने के दिन तो अब रहे नहीं, ई-मेल ढंग से इस्तेमाल करने से पहले ही मोबाइल का जैसे महोत्सव शुरू हो गया है। इससे आलसी लोगों को अब थोड़े में, जिसे कहते हैं शॉर्टकट में प्रेम करने की सुविधा हो गई है। क्यों बाबू, love नहीं लिख सकते? एक अक्षर ज़्यादा दबाने में क्या ज़्यादा समय नष्ट होता है? फिर अंग्रेज़ी में ही क्यों, Bhalobhashi शब्द क्या सुनने में ख़राब लगता है? या इतना बड़ा शब्द लिखने में उँगली में दर्द होता है?

सम्पूर्ण रोशनी निगलकर भूत की तरह बैठी रहती हैं रातें, और दुनिया-भर के बेकाम की व्यस्तता ख़त्म होने के बाद जब करने को कुछ नहीं रहता, कहने को, सोचने को कुछ नहीं रहता, तब तुम्हें मेरी याद आती है। दौड़ा-दौड़ी, चीख़-पुकार। मैं भी क़सम से, अपने बाँसुरीवादक के पास दौड़कर पहुँचती हूँ। बाँसुरीवाला क्या समझता है कि मैं क्यों आती हूँ। वह शायद समझता है कि मैं अनायास बोल सकती हूँ कि किसी की पुकार से भला

मेरा क्या आता-जाता है, लेकिन मैं कहती नहीं। आधा घंटा इधर-उधर की बातें करने के बाद बस, तुम्हारा चूमना शुरू हो जाता है। चुम्बन तो नहीं, जैसे काट खाना। और छाती में जिस दिन तुमने पहली बार हाथ डाला था, लग रहा था जैसे बाघ का पंजा हो। फिर मेरी डाँट सुनने के बाद दाँत और नाख़ून समेटकर तुम मनुष्य हुए, चिड़िया के पंख की तरह मेरी छाती में तुमने अपनी उँगलियाँ फिराईं। मेरे शरीर में कितना भीषण कम्पन होता है, क्या तुम्हें इसका पता चलता है? पता ज़रूर चलता है, इसके बाद भी तुम मुझे भला कैसे इस तरह भिगोकर, डुबोकर, पागल कर, अवश कर, होंठ या आँख में गुडनाइट का किस कर टा टा कह देते हो? इतना जो मन मन कहते हो, तुम्हारा क्या केवल मन ही है, शरीर नहीं है, अगर तुम बंगाली न होते तो टा टा बोलने वाले तुम्हारे मुँह पर लम्बा श्वासरुद्ध कर देने वाला एक चुम्बन जड़कर तुम्हें बिछौने पर खींच लेती। कपड़े फाड़कर तुम्हारे साथ सारी रात मैं सात आसमानों की सैर करती। हाँ अगर तुम बंगाली नहीं होते तो मैं यही करती। बंगाली पर भरोसा नहीं है, इतना परिश्रम सहन न कर क्षण-क्षण में शायद मूर्च्छित ही हो जाए।

तुम्हें संकोच किस बात का है बोलो! दोनों एडल्ट हैं, दोनों ही एकाकी। ऐसा भी नहीं कि कोई एक्स्ट्रा मैरिटल रिलेशन तैयार हो रहा है। हिपोक्रेसी से मैं हेट करती हूँ। तुम क्या समझते हो कि उत्थानरहित की तरह तुम्हारा आचरण बीच-बीच में मुझे क्रेजी करता है? इसके बाद भी तुम दिन पर दिन वही कर रहे हो, रसीले एस.एम.एस. भेज रहे हो, सज-धजकर मेरे घर पर भी आ रहे हो, आने के बाद हालाँकि पुराने दौर के बूढ़ों की तरह बैठे रहते हो, केवल लौटने का समय होने पर तुम्हारे भीतर का युवक जाग उठता है, अचानक तुममें चुम्बन की तृष्णा जागती है। मुझे जो तुम रात-रात-भर बुरी तरह जगा देते हो, उसके बाद स्वमैथुन के सहारे रहना पड़ता है मुझे। समझते हो? जुल्म कम तो नहीं करते तुम, सिटी सेन्टर, नलबन, रेस्तराँ, रेड वाइन, हाथ पकड़ना, चूमना, स्तन छूना...। आग जलाते तो हो, जलाकर चैन से सोने चले जाते हो। तुम क्या सचमुच प्रेमी हो?

हो सकता है, अट्ठारह की उम्र में ही मेरा मन रुका हुआ है। तब भी प्रेमी के स्पर्श से जैसा पुलक जागता था, अब भी वैसा ही पुलक जागता है। असल में सच कहूँ, पुलक की मात्रा पहले से अधिक हो गई है। किन्तु चुपके-चुपके उम्र तो बढ़ रही है, तुम्हारी भी मेरी भी। मनुष्य कितने दिन ज़िन्दा रहता है कहो तो! तुम्हें सम्पूर्णता में पाने के लिए और कितने करोड़ वर्ष प्रतीक्षा करनी होगी? फिर वक़्त को इस तरह ईडियट की तरह क्यों गँवा रहे हो? अगर हमारे शरीर एक दूसरे को नहीं चाहते तो कोई बात थी, वे तो चाहते हैं! उसके बाद भी घुड़सवार की तरह लगाम क्यों खींचकर रखते हो तुम! यह बदमाशी छोड़ो तुम अब। अच्छा नहीं लगता। फिर बनावटी तरीक़े से कहते हो, धीरे बहो चंचल हवा। इतना धीरे कैसे बहूँगी, भीतर तो बाढ़ आ रही है, तूफ़ान उठ रहा है!

मेरी मुश्किल क्या है जानते हो, अब और किसी पुरुष को स्पर्श करने की मैं कल्पना भी नहीं कर पाती। किसी को चूमूँगी! किसी के साथ सोऊँगी! नहीं, असम्भव। मैं तुमसे घिरी हुई हूँ, मुझे क्या वह सब शोभा देगा? मेरी दुनिया तुमसे ही तो है। किसकी हिम्मत है इस दुनिया में घुसे? बेसिकली मैं स्ट्रिक्टली मोनोगैमस हूँ, यह इस समाज से मेल नहीं खाता।

ऐ पाषाणहृदय, सुनो, अब से bhalobashi लिखना। luv छोड़ दो। बहुत तो कह रही हूँ 'भालोबाशि' लिखो! क्यों! तुम क्या सच में मुझे प्यार करते हो! प्यार करते हो? क़तई नहीं।

प्रेम कर रहे हो, करो

भीषण ठंड, बर्फ़ से भी ठंडा
नक्षत्रहीन अँधेरे में किसी मरे हुए की आँख की तरह है दुनिया।
आकाश जैसा कुछ नहीं है, मनुष्य के चेहरे पर नहीं है मनुष्य का चेहरा
विष बुझे तीर फेंक-फेंककर अपना जीवन ख़ुद ही नष्ट कर दोगे किसी
उन्मादी ट्रेन के पहिये तले
अन्त में फेंक दोगे, जो था, जो है, जो हो सकता था, वह सब।
मेरे चले जाने पर ऐसा ही होगा,
तुम कहते थे, मर जाओगी तुम
लेकिन मैं कहीं नहीं गई
झूठ-मूठ तोहमत मढ़कर तुमने ही बदल लिया रास्ता
पीछे से तुम्हें बुलाया नहीं मैंने।
थोड़ा-सा चलकर फिर लौट आओगे सोचकर ही मैंने आवाज़ नहीं लगाई।
खड़ी थी सारी दोपहर, शाम, सारी रात।
यह मत समझना कि मेरे जाने की कोई जगह नहीं, इसलिए नहीं गई
नहीं गई, क्योंकि कहीं नहीं जाना था मुझे। जहाँ मुझे
छोड़ गए थे वहीं शीतल होते-होते, स्तब्ध
होते-होते, पाषाण होते-होते
खड़ी रही।
और शायद तुम कहीं

खींच-खींचकर जीवन के भीतर से
निकाल रहे हो अपना जीवन
सीलन भरी किसी गहरी गुफा में
या फिर किसी ट्रेन की पटरी पर, मुँह के बल गिरे हुए हो—
आशंका के विषैले साँप मेरी पाषाण देह पर रात-भर
रेंगते रहते हैं।
सुबह की ओस तब भी घास के शीर्ष पर काँप रही थी
तब भी मेले के मैदान पर पसरी हुई थी नींद।
मैं बेयक़ीन आँखों से देखती हूँ तुम किसी रमणी के पैरों के पास
घुटने मोड़कर अपनी उसी मुद्रा में त्रिभंग कृष्ण की तरह भीख माँग रहे हो
उसी गद्य-पद्य से फुसलाना चाहते हो रमणी को
तुम्हारी उस मुस्कराहट, उस निगाह के अनुवाद को बहुत दिनों से जानती हूँ।
मन ही मन चुम्बन ले रहे हो उसका, जानती हूँ, मन ही मन
जितनी दूर तक जा सकते हो, गए हो।

मैं चीख़कर कहना चाहती हूँ—जिससे जितना चाहो प्रेम करो
सिर्फ़ दूर जाकर करो, मेरी आँखों के सामने मत करना—
लेकिन नहीं कह पाती
लेकिन कमाल है मेरी आवाज़ बर्फ़ से भी भीषण बर्फ़ में जम गई है।

ग़लत आदमी

ग़लत आदमी से जान-पहचान हो
हृदय की बातें हों,
प्यार का लेन-देन हो।
बचा है जितना जीवन, बीते इसी तरह,
जीवन का आदान-प्रदान हो
ग़लती के साथ हो,
रोज़ हो।
ढूँढ़ना ही है अगर तो ढूँढ़ती हूँ ग़लत आदमी को।
वैसे आदमी को नहीं जिसके साथ होने पर
जीवन जीवन-जैसा होता
आसमान-जैसा होता आसमान।
लेकिन ऐसा नहीं होता
बार-बार मेरे सामने खड़ा हुआ है दूसरा कोई,
छुआ है मेरा हाथ किसी और ने,
किसी और ने मेरे दिन को भर दिया था बादलों से।
अब जीने का अर्थ है किसी तरह ज़िन्दा रहना
सपनों को खर-पतवारों की तरह उखाड़
विषवृक्ष पालना।
किसी और की आँखों से देखना उदास सूर्यास्त

किसी और के सुर में गाना किसी और के गीत।
अब जो भी होता है ग़लती से होता है।
ग़लती को ग़लती न समझ ख़ुश होती हूँ
ग़लती का एहसास होने पर टूटने की
ग़लत को ग़लती से प्यार कर
भुक्तभोगी होने की आशंका से मुक्त होती हूँ,
जान-बूझकर ग़लत के साथ चलाती हूँ गृहस्थी,
ग़लत के साथ पहाड़ घूम आती हूँ जान-बूझकर।
एक ग़लत के जाने के बाद, दूसरे ग़लत की ओर चली जाती हूँ,
भयंकर ग़लतियों की भीड़ की ओर
बिना बिचारे बढ़ाती हूँ क़दम
बिना किसी दुश्चिन्ता और दुविधा के
बढ़ती जाती हूँ।
ग़लत को ग़लत ही समझकर
ग़लत की ओर चली जाती हूँ।

प्रतीक्षा

उसके बारे में सोचते हुए ऐसा नहीं था कि मुझे रात में सोना नहीं था
दिन की सम्पूर्ण व्यस्तता की अनदेखी कर
ऐंसा नहीं था कि मुझे उदास बैठे रहना था।
और कहीं वह अपने तईं सुखी है, किसी और जगह में,
यह ख़बर सुनकर किसी काम में मन नहीं लगा पाती,
उसे पाना चाहती हूँ, पहले की तरह पाना चाहती हूँ,
मुझे उसका इन्तज़ार नहीं करना था, पर करती हूँ।
उसका छल, उसकी चतुराई, उसका कइयों के साथ गमन करने वाला शरीर,
उसके लगातार झूठ,
उसकी बर्बाद हो चुकी ज़िन्दगी के साथ
मेरे अलावा लम्बे समय तक और कोई जीवन-यापन नहीं करेगा इसलिए
चाहती हूँ उसे।
मेरी ज़िन्दगी को छोड़कर और किसी की ज़िन्दगी के साथ
इस तरह खेलने की सुविधा नहीं है उसे इसीलिए चाहती हूँ,
इसलिए नहीं कि मैं उसे प्यार करती हूँ।

प्यार करती हूँ इसलिए नहीं, बहुत सूनापन है मेरे जीवन में इसलिए नहीं,
उसे चाहती हूँ उसे सुख देने के लिए।
सहिष्णुता की आख़िरी बूँद तक उड़ेल देना चाहती हूँ उसकी ख़ुशी के लिए।
मेरा जो कुछ है, सब उसे देकर, उसके 'कुछ नहीं देने' को चाहती हूँ।

मुक्ति

अगर भूल जाना है, भूल जाओ
कहीं दूर बैठ मोबाइल में, ई-मेल में अचानक मुझे इस तरह परेशान मत करो,
दूर बैठकर निस्तब्धता की बर्फ़ फेंक मुझे परेशान मत करो।
भूल जाने पर कम से कम इतना समझूँगी कि भूल गए हो,
भूल जाने पर पैर काटने वाले जूते खोल थोड़ा ख़ाली पैर चलूँगी,
भूल जाने पर इन्तज़ार के कपड़े उतारकर थोड़ा नहाऊँगी,
भूल जाने पर पुराने गाने फिर से बजाऊँगी,
भूल जाने पर सारी खिड़कियाँ खोलकर आड़ा-तिरछा लेटूँगी।
धूप या चाँदनी आकर मेरे शरीर से छुपम-छुपाई खेले, मैं सोऊँगी।

सोऊँगी-सोऊँगी कहकर भी निश्चिन्तता की थोड़ी नींद नहीं ले पाती
लम्बे समय से!
केवल प्रतीक्षा में बीते। बिना सोये बीते। खिड़की के पास खड़े होकर बीते।
किसी ने मुझे याद रखा है, कोई मन ही मन मुझे चाहता है, सब कुछ
चाहता है,
कोई दिन-रात किसी भी समय दरवाज़ा खटखटाएगा,
तब सामने खड़े होना पड़ेगा साबुत, जैसे बाल, चेहरा, आँख, होंठ
छाती, ठुड्डी सब जैसे अभी विकसित हुए हैं, कहीं कुछ नहीं टूटा,
कहीं खरोंच तक नहीं आई,

धूल-मिट्टी नहीं लगी।
हँसना होगा दंतकथा की राजकुमारी की तरह,
अगर भूख लगे उसे, चाय की इच्छा हो यदि!
सब कुछ हाथ के सामने रखना होगा त्रुटिहीन!
प्यार करना होगा त्रुटिहीन!
उसमें त्रुटिहीन तरीक़े से डूबना होगा!
छोटा भी बनना पड़ेगा त्रुटिहीन तरीक़े से!
दुःस्वप्न को लम्बे समय तक सुख कहकर ख़ुद को भुलावे में रखा,
भूल जाना है तो भूल जाओ, ताकि मैं जिऊँ।
जितना याद रखोगे, जितना चाहोगे मुझे, जितना आओगे मेरे पास,
जितना कहोगे 'प्यार करता हूँ', उतना ही मैं बन्दी बनकर रहूँगी तुम्हारे
हृदय में,
तुम्हारे जाल में,
तुम्हारे पैरों के नीचे, तुम्हारी मुट्ठी में, तुम्हारे दस नखों में।
मुझे भूल जाओ, चेहरे पर लगाया गया रंग धोकर थोड़ा हल्का हो लूँ,
थोड़ा 'मैं' हो लूँ।

दूर से नहीं होता

नज़दीक आना पड़ता है,
नज़दीक आकर चूमना पड़ता है,
त्वचा स्पर्श कर प्यार करना पड़ता है,
बाल से शुरू करके आँख, नाक, ठुड्डी, छाती
पेट, पेड़ू,
यौनांग,
पैर, पैरों के नख थोड़ा-थोड़ा कर छूना पड़ता है,
छू-छूकर प्रेम करना पड़ता है।
दूर से नहीं होता,
फ़ोन से, फ़ेसबुक से नहीं होता,
उसके बजाय क़रीब आओ, स्पर्श करो,
तुम्हारे स्पर्श की प्रतीक्षा में है मेरा सर्वांग।
यदि आग रहते-रहते स्पर्श न करो,
यदि शरीर को न तपाओ,
जला न पाओ,
तोड़ न पाओ,
पागल न कर पाओ
तो मत आना,

दूर से सब नहीं होता।
क़रीब आकर हाथ में हाथ रखकर,
आँखों में आँखें डालकर,
आग में आग रखकर कहना पड़ता है, 'प्यार करता हूँ।'

बहुत देख चुकी हूँ

देखो, फ़ालतू बकवास मत करो
जब-तब बग़ैर कहे-बताए, मुँह उठाए घुस मत आया करो।
और कहाँ? घर में, बिस्तर पर—
अच्छा बताओ, प्रेम क्या ऐसे किया जाता है, इस तरह सम्भव है?

पैर फैलाकर लेटी रहती हूँ, हाथ फैलाकर पेट के बल, तुम चले आते हो
कौन जाने, घुसकर चुप-चुप क्या सूँघते रहते हो
या, तुम्हें अब गन्ध लेने की ज़रूरत भी क्या है
कहीं जादू की तीली तो दबाकर नहीं रखी, दीवार या खिड़की में?

मैं क्या कभी वश में हो सकती हूँ! बेवक़ूफ़।
अलबत्ता एक समय यहाँ-वहाँ बहुत धोखा खा चुकी हूँ।
पर अब नहीं! सिर मुँड़ाया हुआ आदमी बेलगाछ के नीचे क्या बार-बार
जाता है?[1]
मेरे इतने जो दुर्दिन आए,
बहुत देख चुकी हूँ, मेरे सिवा और कोई मुझे बचा नहीं सकता।

---

1. बांग्ला की एक कहावत।

एक गुच्छा लाल टहटह ईर्ष्या

कहते थे, किसी के साथ सम्पर्क-वम्पर्क नहीं है, सुनने में अच्छा लगता था
कहा भी तो था उम्र हो गई है तुम्हारी, वह सब अब नहीं आता वही सेक्स-वेक्स।
उम्र भला कितनी है, कहा था मैंने, त्वचा पर ज़रा भी झुर्रियाँ अब तक
नहीं आई हैं।
कहा तो था, मन ही मन लेकिन तुम्हारे बारे में सोच लिया था, ऑफ़िस जाते हो,
शाम को
साथियों के साथ अड्डा जमाते हो, शराब पीते हो, या किसी मंच पर
कविता पढ़ते हो,
औरत देखने पर पहले की तरह उसके पास नहीं मँडराते, छल से कौशल से
बिस्तर पर
सुलाते नहीं हो, वही जो तुमने कहा था, उम्र हो गई है, सोचती थी,
सच ही उम्र हो गई
शरीर को धीरे-धीरे सँभाल कर रखा है, सोचा था मुझे
शायद
दोपहर को कभी-कभी याद करते हो, किस तरह तुमने भीषण एक तूफ़ान
खोया है, ठीक वैसा ही और किसी के साथ क़तई नहीं होने वाला,
शायद इसीलिए
अपनी जीभ से टपकती लार भी सुखा चुके हो। सेक्स-वेक्स सब तो अपने
ही वश में होता है।

तुम बलात्कारी तो नहीं हो, जो यह कहोगे कि अपनी हवस पर अंकुश
लगाना तुम्हारे
वश में नहीं, ईश्वर के हाथ में है! सोचा था रात होने पर टोह-टोहकर
पहले की तरह घर लौट रहे हो।
हो सकता है लौट रहे हो, लेकिन मेरे साथ आधी रात तक लेटे रहने के
बाद जिस तरह
लौटते थे,
वैसे ही किसी और के साथ लेटकर लौटते हो। ख़ुद ही कहा तुमने आज
बहुत वर्षों के बाद।
इतने लम्बे समय से दूर हो, भूल ही गए हो कि असल में तुम मुझे सच
कभी नहीं कहते
हमेशा झूठ ही बोलते हो।
जब तक झूठ बोल रहे थे, तब तक थोड़ी-बहुत होते हुए भी
मेरे प्रति तुममें दया-ममता जैसी कुछ चीज़ थी।
आज तुमने सच बोल ही दिया, क्योंकि तुम भूल गए हो कि किसी के साथ
प्यार-व्यार
कर रहे हो यह सुनकर मुझे दुःख होगा, भूल ही गए हो कि पहले की तरह
किसी के साथ
सोते हो यह सुनने पर मुझे बहुत तकलीफ़ होगी। मौक़ा मिलते ही शहर
की इस-उस गली में
गृहस्थ घर की औरतों के साथ सोते-सोते तुम भूल ही गए हो कि
एक समय था जब हम बारिश में भीगते थे,
चंचल समय में, हम किशोर-किशोरी की तरह तैरते थे।
और तुम पर लिखी गई मेरी सौ कविताएँ! तुम पढ़ते थे
वे कविताएँ,
बहुत अच्छा लगता था सुनने में, मेघ के गरजने जैसी आवाज़ थी तुम्हारी!

चुपके-चुपके हालाँकि हमेशा ही कैसेनोवा[1] बनना चाहते थे तुम।
झूठ ही बोलते रहते। झूठ तुम पर फबता था।
आँख-कान मूँदकर तुम पर भरोसा करना मुझ पर भी ख़ूब फबता था।
अचानक क्या हुआ, कौन जाने, तुमने सहजता से
अपने फ़िलवक़्त के प्रेम-व्रेम और
सेक्स-वेक्स के बारे में बताया था। पूछा भी, तुम्हारा? अब किसके साथ?
मैंने कहा, किसी के साथ नहीं।
किसी के साथ नहीं?
नहीं, किसी के साथ नहीं। हालाँकि प्रेम अगर होता तो अच्छा ही होता। लेकिन जिस-तिस
के साथ प्रेम नहीं कर सकती! अच्छा, तुमने ही तो एक दिन कहा था, उम्र हो गई है तुम्हारी। वह सब और नहीं होता।
लेकिन तुमने सहज ही कह दिया, उम्र ऐसी भी क्या हुई है!
जिस लड़की के साथ हो, उसे प्यार करते हो?
हाँ, थोड़ा-बहुत तो करता ही हूँ।
तुम प्यार करते हो? इसका मतलब प्यार करना आता है! मुझे छिपाकर ही तो कहाँ-कहाँ
जाते थे तुम, हालाँकि कभी कहा नहीं। जेब में रखी living वियाग्रा भी ख़त्म हो जाती थी
तुम्हारी! है न?
हमेशा ही एक छोटे-मोटे शहर में छोटे-मोटे कैसेनोवा जैसा जीवन निर्विघ्न बिताया तुमने, किसी ने तुम्हारे साथ मारपीट नहीं की, शहर छोड़ने की भी ज़रूरत नहीं हुई,

---

1. वेनिस शहर का प्रसिद्ध प्रेमी जिसके अनेक महिलाओं से सम्बन्ध थे।

तुम्हारा भाग्य देख शायद कैसेनोवा भी ईर्ष्या करता!
इतने साल मैं भी सती-सावित्री नहीं रही, शायद एक-दो दिन किसी के साथ कुछ हुआ भी है, लेकिन एक-दो दिन ही।
मैं कह नहीं रही थी कि जिस-तिस के साथ नहीं रह सकती, और तुम्हारी तरह किसी को ढूँढ़ती भी तो नहीं रहती!
तुमसे आज झूठ बोलने की इच्छा हो रही थी, बहुत इच्छा हो रही थी कि कहूँ
हाँ, मैं भी अच्छी हूँ। जीवन में प्रेम-व्रेम है, सेक्स भी है, लड़का
शानदार है।
कहाँ कह पाई! झूठ बोलना नहीं आता। यही एक मुश्किल है।
तुम्हें लेकिन मैंने आज थोड़ा भी एहसास नहीं होने दिया, कि तुम्हारी आज की कहानी सुन
मन ही मन मैंने वह सौ कविताएँ फाड़कर फेंक दी हैं,
हमारे तैरने के उस सरोवर में भी डाल दिया है बहुत कीचड़ मन ही मन,
बारिश में भीगने के बजाय मन ही मन कीचड़ में फिसलकर गिर गई हूँ।
चूमते हो, उस लड़की को?
तुमने कहा, हाँ।
अगर झूठ कह पाती तो कहती, तुम तो जानते ही नहीं थे कि कैसे चूमते हैं,
मेरा नया प्रेमी यह कितना अच्छा जानता है!
सेक्स कर रहे हो, तब उतना नहीं बजा था,
लेकिन जब तुमने कहा कि उसे चूमते हो या उससे प्यार करते हो
तब वेदना-जैसा कुछ बज उठा था सीने में
मेरी आदत अभी तक नहीं बदली, मैं अब भी मन को शरीर से ऊपर रखती हूँ।
अब इतने दिन किसी से प्यार न करने के बाद अब जब तुमने किसी से सचमुच
प्रेम करना सीखा ही है, तो तुम्हें कहती हूँ दावे के साथ कि उन सौ कविताओं में एक भी कविता

तुम पर नहीं है, एक अक्षर भी नहीं। जैसे भी हो तुम भी सोच लेना। तुम्हें
दिखा-दिखाकर उन कविताओं को मैं कीचड़ के सरोवर में डुबो रही हूँ।
इन कविताओं को लेकर तुममें जो एक अहंकार था, देखो
उसे चूर-चूर कर दिया है मैंने।
जब तक ज़िन्दा रहो जहाँ भी कोयल कूके वहाँ तक पहुँचना।
अब से देख लेना, अगर तुम सच भी कहो, तो मैं ज़रा भी नहीं चौंकूँगी।

ग़लत प्रेम में बीत गए तीस वसन्त

ग़लत प्रेम में बीत गए तीस वसन्त, फिर भी
अब भी हृदय जैसे प्रेम की पीड़ा महसूसता है
प्रतारक पुरुषों द्वारा उँगली छूने पर
पत्थर हो चुके शरीर से अब भी झरता है झरने का जल।

अब भी मानो कल-कल आवाज़ सुनती हूँ
निर्जन बैसाख में, माघ और चैत्र में—
ग़लत प्रेम में बीत गए तीस वसन्त, फिर भी
भरोसे की धूप में तपकर ख़ुद को अंगार बनाती हूँ।

प्रतारक पुरुषों के एक बार बुलाने पर ही
भूल जाती हूँ पीछे की सजल भैरवी
भूल जाती हूँ बादल भरा आकाश, न बीतने वाली लम्बी रात।
एक बार बुलाने पर ही
सब कुछ भूलकर नई ग़लती की ओर बढ़ाती हूँ पाँव।
एक बार प्रेम मिलने पर ही
सब कुछ भूलकर रो उठती है यह निष्पाप लड़की।
ग़लत प्रेम में व्यर्थ हुए तीस साल
हज़ारों वर्ष व्यर्थ होंगे, फिर भी इस बुद्धू लड़की को अक़्ल नहीं आएगी।

सन्ताप

किसी से अब कुछ और मिलना नहीं है
खोते-खोते अब खोने के लिए भी नहीं है कुछ
खो देने के बाद ढूँढ़ रही हूँ कटकर गिर चुकी नीली पतंग
ढूँढ़ रही हूँ मेरा खटमिट्ठा कैशोर्य।
ढूँढ़ना जब ख़त्म हो जाता है
तब दो हाथों की मुट्ठी में इकट्ठा होता है सिर्फ़ हाहाकार।

प्रेम-अप्रेम में बीत चुका है यौवन
धूल-मिट्टी छोड़ भाग्य में कुछ भी नहीं आया
ढूँढ़ रही हूँ अट्ठारह और इक्कीस के धूप-गुग्गुल
ढूँढ़ना जब ख़त्म हो जाता है
आँख के भीतर इकट्ठा होता है सिर्फ़ शून्य।

मनुष्य की भीड़ में ऐसा मनुष्य कहाँ है
जिससे कुछ पाने का योग बने।

उपरान्त कथन

प्यार की कोई सीमा नहीं

प्यार पहले भी था, आज भी है, जब तक इनसान या कोई भी प्राणी जीवित है, प्यार रहेगा। जब-जब हिंसा, नफरत और विद्वेष ने दुनिया को तबाह करने की कोशिश की, तब-तब प्यार ने उसे बचाया है। संसार की सारी सुन्दरता, उदारता और मानवता को प्रेम ने ही जन्म दिया है। हमारे पास तमाम तरह के प्रेम के अनुभव हैं। जैसे, मनुष्यों, जानवरों, प्रकृति, संस्कृति और देश के प्रति प्रेम। मैं अक्सर कहती हूँ प्यार की कोई सीमा नहीं होनी चाहिए। मनुष्य हमेशा सही मनुष्य से ही प्यार करेगा, ऐसा नहीं है। ग़लत व्यक्ति से प्यार करना भी तो प्यार ही है। मैंने कुपात्रों से बहुत प्यार किया है, पर मैं इसका दुख नहीं मनाती। प्यार बाँटना भी कोई कम निःस्वार्थ काम नहीं है। जो व्यक्ति प्रेम कर सकता है, वह किसी पर अत्याचार नहीं कर सकता। लोगों के बीच चल रही मार-काट को रोकने के लिए कवियों को चाहिए कि वे ज़्यादा-से-ज़्यादा प्रेम कविताएँ लिखें और पाठकों द्वारा ख़ूब सारी प्रेम कविताएँ पढ़ी जाएँ। इस संसार को रहने योग्य बनाना हमारी ही ज़िम्मेदारी है।

2025 **तसलीमा नसरीन**

साथ जुड़ें साथ पढ़ें